Terapia Cognitivo-Conductual

Supera la ansiedad y la depresión, haz frente a los patrones de pensamiento negativo, controla tus emociones y cambia tu estado de ánimo a través de la psicoterapia eficaz

Por

Elizabeth Broks

© **Copyright 2019 - Todos los derechos reservados.**

El contenido contenido en este libro no puede ser reproducido, duplicado o transmitido sin el permiso por escrito del autor o el editor.

Bajo ninguna circunstancia se culpará o se responsabilizará legalmente al editor o al autor por daños, reparaciones o pérdidas monetarias debidas a la información contenida en este libro. Ya sea directa o indirectamente.

Aviso Legal:

Este libro está protegido por derechos de autor. Este libro es solo para uso personal. No puede enmendar, distribuir, vender, usar, citar o parafrasear ninguna parte o el contenido de este libro, sin el consentimiento del autor o editor.

Aviso de exención de responsabilidad:

Tenga en cuenta que la información contenida en este documento es solo para fines educativos y de entretenimiento. Se han realizado todos los esfuerzos para presentar información precisa, actualizada y confiable. Ninguna garantía de ningún tipo está declarada o implícita. Los lectores reconocen que el autor no participa en la prestación de asesoramiento legal, financiero, médico o profesional. El contenido de este libro ha sido derivado de varias fuentes. Consulte a un profesional con licencia antes de intentar cualquier técnica descrita en este libro.

Al leer este documento, el lector acepta que bajo ninguna circunstancia el autor es responsable de cualquier pérdida, directa o indirecta, en que se incurra como resultado del uso de la información contenida en este documento, incluidos, entre otros, los errores, omisiones, o inexactitudes.

Tabla de Contenido

Introducción..6

Capítulo 1: Entendiendo la TCC......................................9

   Fundamentos de la TCC..9

   Objetivos de la TCC 11

Capítulo 2: Entender e Identificar los Problemas que Surgen en la Vida Cotidiana................................... 16

   ¿Qué es la Ansiedad?...18

   La Depresión 21

   Principios de los Pensamientos Intrusivos Automáticos 23

   Propiedades de los Pensamientos Intrusivos Automáticos ..24

   Origen de los Pensamientos No Deseados.................25

   La Conexión entre: Pensamiento-Sentimiento-Acción..........26

Capítulo 3: Recupera tu Vida: Técnicas Probadas de TCC......28

   Establece una Meta...28

   Evalúa tus Metas 32

   Maneja tus Pensamientos Pesimistas 33

   Conclusión..35

Capítulo 4: Remodelando tu Actitud..............................37

   ¿Quieres ser Más Positivo? Practica la Gratitud.....38

Detente un Minuto y Escriba Diez Cosas por las que Estás Agradecido y Luego Vuelva a Mí 39

Conviértete en un Héroe siendo Positivo 40

Caso de Estudio 41

Conclusión 43

Capítulo 5: Reconocer y Modificar tu Sistema de Creencias .. 45

Paso 1: Identifica si tu Mentalidad es Estable o Cambia de acuerdo a tu Estado de ánimo 46

Paso 2: Enfatiza los Pensamientos Positivos que Tienes sobre ti mismo para Desviarte de las Ideas Negativas 47

Paso 3: Comienza un Diario de Pensamientos Positivos 47

Paso 4: Reevalúate 48

Paso 5: Diselos a una Persona en la que Confíes 48

Paso 6: Trata de Descubrir de Dónde Vienen tus Viejos Pensamientos 49

Paso 7: Observate a ti mismo Cada Vez que Caigas en una Espiral en un Diálogo Interno Negativo 49

Paso 8: Evalúa Cuánto Aceptas Pensamientos o Creencias Negativas 50

Conclusión 51

Capítulo 6: Cómo Lidiar con La Preocupación y La Ansiedad 53

Respuesta: Lucha o Escapa 53

Resolución de Problemas Estructurados 54

Trata de Limitar el Consumo de la Tecnología y las Herramientas de Mensajería 54

Prueba las Técnicas de Meditación y Aromaterapia. 55

Tomq un Baño/Ducha Caliente para Probar la Acuaterapia 56

Ejercicio 56

Tratar con la Procrastinación 56

Conclusión... 58

Capítulo 7: Deshacerse de la Negatividad en tu Vida 59

¿Qué es la Negatividad? 59

¿De Dónde Vienen los Pensamientos Negativos? 60

Los Efectos de Tener Pensamientos Negativos 61

Caso de Estudio 70

Conclusión... 73

Pensamientos Finales 75
Bibliografía 77

Introducción

Este libro se titula Terapia Cognitivo-Conductual: Supera la ansiedad y la depresión, haz frente a los patrones de pensamiento negativo, controla tus emociones y cambia tu estado de ánimo a través de la psicoterapia eficaz. Puede servir como una guía para el futuro de la vida y sobrellevar la enfermedad mental utilizando la terapia de conducta cognitiva (TCC). Si bien ha habido muchas personas que han tratado de desestigmatizar el trastorno mental, sigue siendo un obstáculo para las personas en este mundo. Viven y combaten la enfermedad, a menudo solos y sin ningún medio de apoyo. Tal vez usted o un ser querido pueden estar sufriendo de depresión o ansiedad. Todos lo hacen, pero algunos tienen problemas más graves que otros. Es por eso que hay profesionales de la salud mental que buscan ayudar a quienes necesitan una verdadera solución para este tipo de problemas.

Ahora, nunca ha habido un mejor momento para buscar un tratamiento para los trastornos de salud mental. El tema ha comenzado a convertirse en algo que a la gente no le importa abrirse. Usted ve celebridades que han revelado su lucha con el trastorno bipolar u otras enfermedades. Ya no es un concepto que hay que mantener en secreto. No debes sentirte avergonzado por ello, ya que es solo un desafío que debes enfrentar, aunque no por tu cuenta.

Como se mencionó anteriormente, hay este tratamiento disponible para personas que padecen enfermedades, como el trastorno bipolar, el trastorno de personalidad límite, la depresión y los trastornos de ansiedad, entre otros. La terapia conductual cognitiva, se centra en ayudar a los pacientes a lidiar con sus pensamientos en este momento y tiene como objetivo enseñarles cómo reaccionar positivamente.

La TCC es un término que abarca los diferentes tipos de terapias de conversación que se usan actualmente para tratar afecciones de salud mental. Esta forma de psicoterapia remedia las reacciones emocionales de las personas ante diferentes situaciones, y se supone que su duración dura solo un breve período. Si los síntomas del trastorno continúan, una persona puede tomar otras formas de terapia de conversación.

La TCC enfatiza una relación positiva y constructiva entre terapeuta y paciente. Funcionará de la mejor manera si hay confianza entre el paciente y el terapeuta. El primero debe mostrar su habilidad para usar la lógica en diferentes situaciones, después de todo, mientras que el segundo debe alentar al cliente a practicar la resolución de problemas profundos relacionados con la reacción para evitar una respuesta más emocional y potencialmente destructiva. Dado que la terapia cognitiva conductual es una experiencia personal, un paciente no debe seguir a un profesional de salud mental con el que no pueda trabajar bien.

Finalmente, queremos que reciba el tratamiento que necesita para enfrentar su enfermedad mental de manera efectiva. Demasiadas personas se niegan a buscar terapia porque se avergüenzan de lo que otros piensan de su decisión o les preocupa que se conviertan en marginados de la sociedad. Sin embargo, al consultar a un profesional, puede obtener ayuda de un psicólogo o psiquiatra que tenga experiencia en ayudar a las personas a tomar el control de su vida una vez más. ¿No es más vital su tranquilidad mental que preocuparse por los comentarios de los demás? Haz lo que tengas que hacer para sentirte bien. Su salud es de suma importancia; por eso debes priorizarte a ti mismo antes que a los demás. Esperamos que toda la información que encontrará en este libro lo guíe hacia el camino hacia la recuperación.

Venga con nosotros en este viaje de descubrimiento en el mundo de la TCC y conozca cómo este tratamiento puede ayudarlo a vivir una vida mejor.

Capítulo 1: Entendiendo la TCC

La terapia cognitiva conductual (TCC) es un tipo de tratamiento que trata una amplia gama de problemas de salud mental. Es una forma de psicoterapia utilizada por asesores y terapeutas para tratar a personas que sufren depresión, ansiedad, problemas de ansiedad social y trastorno obsesivo-compulsivo, entre otros. Según Fenn y Byrne (2013), TCC explora los vínculos entre los pensamientos, las emociones y el comportamiento. Proporciona un enfoque directivo, por tiempo limitado y estructurado para apoyar a los pacientes que tienen una variedad de afecciones. Además de eso, ofrece alivio del estrés a las personas y es el método de psicoterapia más investigado y comprobado.

Fundamentos de la TCC

La TCC es un método basado en el modelo cognitivo de la enfermedad mental desarrollado por Aaron Beck, un psiquiatra estadounidense, en 1964 (Fenn y Byrne, 2013). Como tal, los individuos están influenciados por la forma en que perciben ciertas situaciones basadas en sus emociones y conductas. Sin embargo, cómo se siente una persona sobre un incidente depende de su percepción de la realidad en lugar de la situación real en sí. Por ejemplo, un compañero deprimido puede tener una visión diferente de la realidad, que es negativa, debido a cómo se siente en un momento dado.

Para comprender los conceptos básicos de la TCC, es esencial comenzar con un concepto de cómo funciona la cognición y cómo piensa la gente. Beck (1976) describió tres niveles de cognición: (1) creencias básicas, (2) suposiciones disfuncionales y (3) pensamientos automáticos negativos.

1. Creencias Fundamentales

Las creencias fundamentales de una persona se refieren a las creencias profundamente arraigadas que él o ella tienen sobre sí mismo, los demás y el mundo. Se adquieren desde el principio e influyen en la infancia, la adolescencia y las etapas posteriores de la vida de un individuo. Las creencias fundamentales se basan en la cosmovisión que una persona desarrolla a medida que crece y aprende de sus padres y el entorno. Tales ideas incluyen la religión, la percepción del trabajo y el juego, la importancia de los estudios y la filosofía de las relaciones. Otras creencias fundamentales están influenciadas por la forma en que una persona piensa o siente sobre el mundo basándose en factores socioeconómicos, así como en las relaciones familiares. Además, el pensamiento de un individuo puede verse afectado por el tipo de niño que él o ella pertenece a una familia. Por ejemplo, el primogénito puede tener una percepción diferente del mundo desde el niño medio o más pequeño.

2. Suposiciones Disfuncionales

Las suposiciones disfuncionales son pensamientos que una persona desarrolla basándose en "reglas rígidas y condicionales para vivir que las personas adoptan (Fenn y Byrne, 2013, p. 579)". Estas creencias han evolucionado debido a factores ambientales, pero también pueden desarrollarse internamente. Dados los antecedentes culturales y sociales de un individuo, él o ella puede aportar ideas específicas sobre cómo funciona el mundo en base a esta experiencia que puede o no ser cierta.

3. Pensamientos Automáticos Negativos (NAT)

En tercer lugar, una persona puede desarrollar pensamientos automáticos negativos (NAT en ingles) que se originan de una combinación de factores precedentes. Estos pensamientos surgen sin su conocimiento previo sobre el tema y típicamente aparecen en personas que están deprimidas o ansiosas. Por lo tanto, las ideas están presentes en personas diagnosticadas con ansiedad y trastornos depresivos.

Objetivos de la TCC

El propósito de la TCC es enseñar a los pacientes cómo ser su propio terapeuta (Fenn y Byrne, 2013, p. 580). Al ser capaz de identificar y contrarrestar los sentimientos de una persona, él o ella puede entender su propio pensamiento y patrón de comportamiento. Por lo tanto, la terapia cognitiva conductual le permite a alguien dejar de confiar en otra persona, que está altamente capacitada en el asesoramiento, para convertirse en una persona más independiente que vive una vida más satisfecha y cómoda.

La TCC depende de un proceso de colaboración entre un paciente y un terapeuta. Se dirige a los problemas con un énfasis en la situación actual de una persona. La TCC también se centra en los problemas y dificultades "aquí y ahora". En lugar de ver qué causa un problema, analiza cómo un paciente puede cambiar su estado de ánimo con respecto a una situación.

Con su énfasis en cambiar la forma de pensar de alguien, es fácil deducir que la terapia cognitiva conductual está orientada a objetivos. Cada sesión tiene múltiples objetivos que alcanzar, y cada objetivo está definido por el acrónimo SMART. En otras palabras, cada objetivo es específico, medible, alcanzable, realista y limitado en el tiempo. Por ejemplo, una mujer con TOC va a terapia. Esta paciente puede pasar tres horas al día limpiando su habitación, por lo que su objetivo para el final del programa de TCC es pasar solo una hora diaria en dicha tarea.

Técnicas y Métodos Utilizados.

El tratamiento estándar para la terapia cognitivo-conductual dura de cinco a 20 sesiones con la supervisión de un terapeuta. Por lo tanto, es un programa a corto plazo y dirigido a objetivos. Sin embargo, la asesoría puede extenderse dependiendo de la condición del paciente. En la TCC, para ser específico, el objetivo es cambiar cómo piensa una persona. Por lo tanto, utiliza técnicas de terapia cognitiva y conductual.

Una parte crucial de la TCC es el concepto de descubrimiento guiado. En este método, el profesional de salud mental quiere tratar de ver la visión del paciente de las cosas y ayudarlo a tomar conciencia de sus pensamientos sobre una situación determinada. Un aspecto vital de este concepto es el método socrático de pregunta y respuesta, que se basa en las enseñanzas del antiguo filósofo griego, Sócrates. Ayudó a sus estudiantes a llegar a una conclusión sin darles la respuesta a una pregunta. Usando la misma técnica, los terapeutas investigan las suposiciones y razonamientos anteriores de un individuo para cuestionar sus patrones de pensamiento y evidencias de aquello en lo que creen. Luego, le preguntan al paciente si él o ella confía en esas creencias. El descubrimiento guiado es una parte esencial para alcanzar un nivel diferente de cognición (Fenn y Byrne, 2013, p. 581).

Los psicoterapeutas trabajan con alguien planificando cada actividad en la vida de una persona. Los dos se unen para reducir las tareas que este último tiene que enfrentar a un número manejable con la esperanza de eliminar la necesidad de tomar decisiones más críticas. Al organizar las elecciones y los pensamientos de un individuo, él o ella puede evitar las situaciones de dilación y ansiedad.

Además, el terapeuta le da al paciente un conjunto diario de rutinas y actividades placenteras para seguir. El primero también puede realizar experimentos de comportamiento para personas con trastornos de ansiedad. Con esta técnica, el profesional de salud mental prueba los posibles escenarios de desastre en un paciente. Esta persona tiene que recorrer las diferentes predicciones de las partes de una tarea. Con el tiempo, los pensamientos desastrosos son estudiados y evaluados por el paciente. Si él o ella se niega a utilizar el transporte público porque piensan que podría ocurrir un accidente, por ejemplo, implica que la persona cree que, al evitar el transporte público, puede escapar de una situación peligrosa. En este caso, el terapeuta puede trabajar con el paciente para calmar los desencadenantes de su ansiedad para reducir los patrones de pensamiento negativos.

Además de estas técnicas, el entrenamiento de relajación progresiva y los ejercicios de respiración se incorporan para disminuir el nivel de ansiedad de un individuo. Al pensar en cómo se debe respirar y reaccionar a los estímulos dados, la persona puede entrenarse para responder de manera constructiva y reducir la ansiedad.

La TCC es una forma de terapia rentable que puede superar los costos de tener que tomar medicamentos a lo largo del tiempo (Dobson et al., 2008). La TCC basada en la atención plena puede resultar beneficiosa para los pacientes también.

Finalmente, la TCC se usa para tratar una variedad de afecciones, que incluyen depresión, trastorno de ansiedad, trastorno de pánico, trastorno obsesivo-compulsivo (TOC) y trastorno de estrés postraumático (TEPT).

Capítulo 2: Entender e Identificar los Problemas que Surgen en la Vida Cotidiana

En este capítulo, exploraremos varios problemas que surgen en nuestras vidas, por ejemplo, la ansiedad y la depresión, y descubriremos cómo la TCC puede resolver tales preocupaciones.

Dentro del programa de terapia cognitivo-conductual, los pacientes con diferentes problemas de salud mental buscan asesoría de un psiquiatra, psicólogo o terapeuta, que puede ayudarlos a alcanzar sus objetivos de tratamiento. La depresión y la ansiedad son las dos condiciones principales para las cuales una persona puede necesitar asistencia psicológica. Por lo tanto, describiremos las características de estos problemas de salud mental, así como sus síntomas y opciones de tratamiento.

Todos tenemos problemas en nuestra vida cotidiana. Diferentes preocupaciones, miedos y frustraciones se mezclan con nuestra rutina diaria. Las mismas ideas se aplican a las personas "normales" y a las personas que tienen ansiedad y trastornos del humor. Después de todo, es típico sentirse estresado por mudarse a una nueva ubicación, asumir un nuevo trabajo, abordar múltiples tareas y entregar un proyecto a tiempo para una fecha límite. Sin una buena cantidad de estrés, es posible que no podamos funcionar normalmente y realizar las actividades diarias. Sin embargo, lidiar con una cantidad poco saludable de ansiedad y estrés puede causar problemas más profundos que deben tratarse con psicoterapia y, posiblemente, con medicamentos.

Si una persona considera que sus actividades cotidianas son irracionalmente terribles, puede experimentar una sensación de incapacidad o parálisis. Eso puede afectar gravemente el funcionamiento regular de cualquier persona. Cada vez que las preocupaciones de un individuo afectan la capacidad de realizar tareas sencillas, puede tener un trastorno de ansiedad. Esta condición debe tomarse en serio, ya que puede ser tan desafiante y necesitar tratamiento inmediato como una enfermedad cardíaca o diabetes.

Las afecciones relacionadas con la ansiedad incluyen trastorno de ansiedad generalizada (GAD), trastorno de pánico y ataques de pánico, agorafobia, trastorno de ansiedad social, ansiedad por separación, mutismo selectivo y fobias específicas. Además, hay otros trastornos asociados con él, como el trastorno obsesivo-compulsivo (TOC) y el trastorno de estrés postraumático (TEPT).

Según el informe de 2017 de la Organización Mundial de la Salud (OMS), en 2015 se diagnosticaron 264 millones de trastornos de ansiedad en todo el mundo. Basado en una encuesta realizada por la Asociación Estadounidense de

Psiquiatría (2018), los trastornos de ansiedad afectan a unos 40 millones de personas en los EE. UU. O al 18% de la población. Ocurren en el 8% de los niños y adolescentes, y la mayoría de los casos se desarrollan antes de los 21 años. Desafortunadamente, a pesar de las opciones de tratamiento ampliamente disponibles, más de un tercio de la población padece trastornos de ansiedad que reciben tratamiento. Sin embargo, con los estigmas y problemas de salud mental, es bastante difícil para las personas quitarse el orgullo y obtener la ayuda que necesitan.

¿Qué es la Ansiedad?

Según las diversas fuentes de www.anxiety.org, las enfermedades relacionadas con la ansiedad incluyen la presencia de miedo o preocupación que no desaparece y empeora con el tiempo. El trastorno interfiere con la vida escolar o laboral; El miedo y el estrés son sentimientos normales que vienen con factores estresantes significativos. Sin embargo, si alguien tiene ansiedad, no se irá de casa por un tiempo prolongado por temor a estar en medio de una multitud. Esta persona estará muy preocupada o nerviosa, y estos sentimientos generalizados interferirán con su capacidad para funcionar normalmente. Con ayuda profesional y clínica, el paciente deberá tratar de identificar la causa de la ansiedad y evaluar si sus síntomas son proporcionales a ella. Si una persona tiene la preocupación constante que se apodera de su vida, es posible que deba recibir el tratamiento adecuado para la afección.

Hay diferentes tipos de trastornos de ansiedad a tener en cuenta, incluidos los trastornos obsesivo-compulsivos y relacionados, los traumas y los trastornos relacionados con el estrés. Tales condiciones presentan un temor excesivo a amenazas reales o percibidas y exageran la posibilidad de escenarios desastrosos. Como resultado, el paciente experimentará trastornos en su vida diaria..

Además de los trastornos de ansiedad, hay un trastorno de pánico. Un paciente con esta última enfermedad puede lidiar con diferentes síntomas a lo largo del tiempo, como latidos cardíacos acelerados, sensación de debilidad, desmayo o mareo, mareos y sudoración. Estos signos se manifiestan durante un ataque de pánico, que puede ser causado por una variedad de factores estresantes y reacciones a los estímulos. Los ataques de pánico pueden durar desde diez minutos hasta una hora o más, y se repiten como parte de la condición del paciente.

Otro tipo de trastorno es la ansiedad por separación. Esta forma de ansiedad es común en niños y adolescentes, pero también puede estar presente en adultos. El paciente continuamente se preocupa por perder una figura de apego importante, como un padre o un ser querido. A la persona también le preocupa que algo traumático pueda sucederle a su amante, amigos o familiares y temer ir a la escuela o dejar a las personas que son especiales para él o ella. Con sentimientos, alguien puede experimentar síntomas como dolor de cabeza, náuseas o vómitos cuando se separa de sus seres queridos (Powers Lott & Stenson, sf).

La ansiedad que implica el miedo de muchas personas se conoce como agorafobia. Una persona que tenga esta afección tendrá un miedo patológico a muchas cosas, por ejemplo, usar el transporte público, estar en espacios grandes y abiertos, permanecer en áreas cerradas, rodearse de grandes multitudes o incluso estar solo fuera de la casa. La agorafobia afecta a muchas personas cada año y causa mucho estrés para una persona. También puede ser algo con lo que las personas tímidas pueden tener dificultades (Powers Lott & Stenson, nd).

Finalmente, hay un trastorno de ansiedad generalizado, que implica que alguien se preocupa incontrolablemente por varias cosas. Conduce a sentimientos de inquietud o fatiga, falta de concentración, irritabilidad o incapacidad para quedarse dormido o quedarse dormido.Esto, también, afecta a muchos individuos.

Las personas con trastornos de ansiedad luchan con hacer las actividades necesarias. Con las serias preocupaciones en sus vidas, consideran incluso los detalles más minuciosos para contribuir a eventos significativos. Y a menudo, estas personas imaginan los peores escenarios con posibilidades catastróficas. Por ejemplo, alguien se niega a salir al exterior donde hay una tormenta eléctrica por temor a ser golpeado por un rayo. O bien, es posible que una persona no quiera conducir por temor a causar o sufrir un accidente.

Los individuos ansiosos se enfrentan a una variedad de fobias que contribuyen a su condición e inhiben su capacidad para hacer las cosas que más disfrutan. Debido a que muchas personas no los toman en serio como lo haría una diabetes u otra condición física, millones sufren de manera silenciosa, lo que lleva a muchas complicaciones. Los hombres, para ser específicos, son reacios a buscar ayuda para tal trastorno. Del mismo modo, las mujeres sienten vergüenza de admitir que luchan con la ansiedad.

La Depresión

El otro tipo de condición que afecta a millones de personas en el mundo es la depresión. Es un trastorno del estado de ánimo común pero grave que puede afectar gravemente la forma en que una persona se siente, piensa o actúa en una situación determinada, así como sus hábitos de sueño, alimentación y trabajo. Con una condición depresiva, los síntomas pueden durar por lo menos dos semanas. Los tipos de depresión incluyen el trastorno depresivo persistente, que dura al menos dos años, la depresión posparto (para las mujeres que han tenido un parto), el trastorno afectivo estacional, que ocurre con los cambios de las estaciones, y el trastorno bipolar, que se caracteriza por una serie de altibajos extremos.

Según el Instituto Nacional de Salud Mental (2018), si una persona está deprimida, puede sentirse persistentemente triste, ansiosa o vacía. La irritabilidad también puede ser un signo de depresión, así como sentimientos profundos de culpa, inutilidad o impotencia. Con tales emociones, uno puede experimentar una disminución en el nivel de energía y la fatiga, incluso cuando hace las tareas lentamente.

Además, un individuo deprimido puede volverse inquieto o incapaz de quedarse quieto. Él o ella también pueden tener cambios en los patrones de sueño y desarrollar problemas para dormir por la noche o levantarse muy temprano en la mañana. Con el aumento de los niveles de estrés, el paciente notará cambios en el apetito al comer demasiado o demasiado poco también. Los casos más extremos pueden tratar con pensamientos de muerte y llevar a intentos de suicidio (Depresión, 2018).

La depresión afecta a muchas personas. Casi todos conocen a alguien que lucha con este trastorno mental, ya que se trata de un fenómeno generalizado. Como una de las afecciones de salud mental más comunes, también ha recibido muchos estigmas a lo largo de los años. En consecuencia, muchas personas no han podido ponerse de pie y enfrentar los desafíos que conlleva. Como hemos visto, muchos actores perdieron la vida en las profundidades de la depresión, incluido Robin Williams.El tratamiento para este problema es esencial para el bienestar de las personas que fueron diagnosticadas con él. Esta condición afecta a personas de cualquier edad, pero a menudo comienza en la edad adulta. Los episodios depresivos también pueden ocurrir en niños y adolescentes, pero en un estado de ánimo bajo.

Principios de los Pensamientos Intrusivos Automáticos

Dentro de la ansiedad y la depresión, algunos síntomas indican la presencia de patrones de pensamiento negativos, que pueden conducir a una espiral descendente. Klinger (1978, 1996) ha demostrado en sus estudios que la duración promedio de un pensamiento específico es de cinco segundos y que una persona puede tener hasta 4,000 ideas diferentes cada día. También hay un tipo de pensamiento que puede entrar en la mente de alguien, que puede no ser útil. Se llama pensamiento intrusivo automático.

David Clark define los pensamientos no deseados e intrusivos como cualquier evento cognitivo identificable, distinto, no deseado, no deseado y recurrente. Estos pensamientos interrumpen la capacidad de una persona para concentrarse y realizar las tareas diarias. También tienen un impacto negativo en la salud. Otro investigador, Rachman (1981) ha dicho que las ideas no deseadas son "pensamientos, imágenes o impulsos repetitivos que son inaceptables y / o no deseados … y están acompañados de incomodidad subjetiva. Estos pensamientos intrusivos pueden aparecer de la nada en diversas formas, como fantasías, sueños nocturnos y fantasías, como lo ha indicado Singer (1998) en su estudio.

Propiedades de los Pensamientos Intrusivos Automáticos

Hay propiedades distintas de los pensamientos intrusivos automáticos que deben considerarse. Ocurren en y se originan de la conciencia de una persona. Son considerados inaceptables y no deseados. Además, tales pensamientos interfieren con la capacidad de una persona para funcionar cognitivamente y llevar a cabo diferentes actividades.

Los pensamientos intrusivos automáticos son ideas no intencionadas que tienden a repetirse con el tiempo repetitivamente. Una persona atrapada en uno descubrirá que capta fácilmente su atención y lo distrae de las actividades diarias.Como resultado, los efectos adversos se vuelven muy difíciles de controlar (Clark, 2005). Como estos pensamientos son espontáneos, las personas también pueden tener dificultades para evitar pensar en estas intrusiones mentales.

La investigación sugiere que los pensamientos intrusivos están presentes principalmente en personas que luchan con preocupaciones, dudas y trastornos de ansiedad. Por ejemplo, un estudio de Klinger & Cox (1987-1988) encontró que el 98% de los participantes pensaban que los pensamientos intrusivos estaban relacionados con sus experiencias cotidianas. El contenido de esta investigación se relaciona con cómo piensan las personas cuando están despiertas y qué tipo de experiencias tienen al soñar despiertos y perderse en sus pensamientos.Los participantes tenían beepers, y grabaron lo que estaban pensando a lo largo del día. Era importante ayudar a las personas a ver qué pensamientos estaban contemplando en diversas situaciones.

Origen de los Pensamientos No Deseados

No hay suficiente investigación empírica para hablar sobre el origen de los pensamientos no deseados e intrusivos. Sin embargo, Salkovkis (1988) ha hablado sobre el hecho de que los pensamientos no deseados son parte de la inclinación natural de un humano a resolver problemas y generar ideas. Por lo tanto, las intrusiones mentales no deseadas pueden ayudar a una persona a resolver problemas complejos y tener intrusiones positivas y negativas.

Los pensamientos no deseados están inevitablemente en la composición genética de alguien. No hay mucho que pueda hacer para evitar que ocurran, especialmente porque tienden a repetirse con el tiempo. Por otro lado, una persona puede reaccionar a la situación de una manera constructiva. Las personas que tienen trastornos de ansiedad, para ser precisos, tienden a tener más de este tipo de pensamiento debido a la naturaleza del problema. Es una condición tratable que puede requerir medicación, pero la TCC también es un buen tratamiento complementario.

La Conexión entre: Pensamiento-Sentimiento-Acción

Al observar cómo un individuo trata con sus sentimientos, es importante observar cómo responde a diferentes procesos de pensamiento. Con el modelo de TCC, se puede ver que las ideas se relacionan con nuestros sentimientos y cómo nos comportamos. Es útil tratar de trazar cómo se siente una persona todos los días al elegir hacer una pausa y reflexionar al menos tres veces al día. Eso es solo cuando uno puede entender los pensamientos de alguien. Aquí hay algunos ejemplos de cómo las ideas de un individuo se conectan con sus sentimientos y acciones.

Ejemplo 1

Situación: viernes por la noche.

Pensando: estoy solo, y todos en mi cuenta de Facebook salen a cenar con amigos.

Sentimiento: tristeza y depresión.

Acción: Quédate en la cama toda la noche y mira Netflix. No levante el teléfono para enviarle un mensaje a un amigo.

Ejemplo 2

Situación: Obtuve una buena nota en un examen.

Pensando: ¡Wow! Soy tan inteligente Tengo una A!

¡Me siento emocionado! ¡Feliz!

Acción: Ir y celebrar el logro con amigos.

Con estos ejemplos anteriores, está claro que el pensamiento conduce a un sentimiento que hace que alguien actúe. Se puede hacer de manera positiva o negativa, según la emoción o el pensamiento que tenga una persona. Sin embargo, el principio es el mismo. Un pensamiento o sentimiento exige una respuesta, y eso puede llevarse a cabo de manera constructiva o destructiva. Por lo tanto, es esencial que las personas tomen conciencia de cómo él o ella maneja sus sentimientos complicados porque pueden dominar e influir en la forma de pensar y de comportarse. Al comprender cómo todo se relaciona entre sí, una persona puede lograr resultados positivos.

Capítulo 3: Recupera tu Vida: Técnicas Probadas de TCC

En este capítulo, hablaremos sobre las técnicas probadas de TCC que se utilizan en la actualidad.

La esencia de la terapia cognitiva conductual es cambiar la forma de pensar de una persona para que pueda lidiar con diferentes situaciones. Los medios para lograr el éxito en esta búsqueda dependen de la cantidad de pensamiento y la planificación cuidadosa que realice el individuo. Si alguien es un planificador cuidadoso, después de todo, tendrá éxito en sus esfuerzos. El primer paso en este proceso es establecer metas y objetivos realistas para su plan de tratamiento.

Establece una Meta

Cuando piense en lo que quiere hacer con su vida, piense en las cosas que desea modificar. Cree algunas metas a corto y pequeño plazo que pueda lograr en un período corto, así como los objetivos a medio y largo plazo que desea lograr en esta vida. Puede establecer objetivos para diferentes aspectos, incluidos la escuela y el trabajo, las relaciones, las finanzas, el estilo de vida, la salud y el estado físico, entre otros.

Los objetivos que establezca deben ser únicos y alcanzables. Debe asegurarse de que sean realistas y alcanzables. Si establece metas demasiado altas, perderá la motivación y se desanimará porque no puede alcanzarlas. Por ejemplo, si nunca ha ido a la piscina, esperar que pueda ir allí durante una hora, cinco veces a la semana, no es realista. Ese puede ser tu objetivo a largo plazo. Sin embargo, en caso de que desee mejorar con su nivel de condición física, deberá comenzar con poco.

A continuación, los objetivos deben ser concretos y específicos. Podrá lograrlos rápidamente una vez que defina cuáles son claramente. Si eres demasiado vago con tus expectativas, no podrás avanzar en tu esfuerzo. Sin embargo, si es específico con su objetivo, puede establecer objetivos en cada fase del viaje y marcar lo que ya ha hecho. Luego puede monitorear su progreso y avanzar un paso a la vez.

Por ejemplo, "leer más" no es un objetivo concreto. Que quieres leer ¿Cuánto tiempo quieres leer? ¿Cuántos libros te gustaría leer durante el día o la semana? Para que este objetivo sea más específico, debe agregar la cantidad de libros en los que desea centrarse, durante cuánto tiempo y cuándo desea comenzar a leer. También puede decir que desea hacerlo durante dos horas cada día y terminar dos libros por mes.

Veamos ahora algunos ejemplos de objetivos más vagos y concretos.

Ejemplos vagos de metas	Ejemplos específicos de metas
Coma más alimentos saludables.	Comer un plátano para el desayuno.
Socializa más.	Inscríbase en un grupo de conversación en un idioma extranjero y conozca a otros estudiantes de idiomas.
Estar menos nervioso	Practica la meditación y la oración.
Viajar más.	Haga un viaje a Nueva York para mi 35 cumpleaños.
Trabajar más.	Vaya al gimnasio durante 30 minutos al día durante tres sesiones por semana.
Cortar las redes sociales.	Eliminar mis cuentas de Facebook e Instagram y pasar más tiempo con la familia.

Gastar menos dinero	Establezca un presupuesto específico que siga cada mes.

Lo siguiente que debe hacer es dividir su meta en diferentes pasos posibles y significativos. Di, tu objetivo es hacer más amigos en la escuela. Un objetivo inicial, por lo tanto, es pedirle a un compañero o compañero de asiento que lo acompañe a tomar un café un día. Si desea buscar un nuevo trabajo, un objetivo más pequeño es solicitar dos trabajos en un día y enviar un currículum vitae para el puesto que le interesa.

Después de este paso, debe identificar los obstáculos que podrían impedirle alcanzar sus metas. Por ejemplo, un obstáculo para poder eliminar las redes sociales es el hecho de que todos tus amigos usan los mismos canales, y temes perderte los eventos importantes que publican en sus cuentas. Puedes resolver este problema encontrando otras formas de comunicarte con tus amigos que no sean las redes sociales.

Una vez que haya identificado los obstáculos potenciales, debe anotar sus metas en un planificador o cuaderno. También debe programar todas sus actividades en diferentes días de la semana. Si bien es útil tener un planificador, no debe seguirlo religiosamente. Debe dedicar tiempo a situaciones impredecibles que pueden retrasar o posponer sus planes. Por eso es importante tener siempre un plan B en caso de que algo suceda.

Si has logrado tu objetivo, deberías recompensarte. Es vital darte algún mérito para tus esfuerzos. Decir, comprar un libro para ti mismo, conseguir entradas de cine, etcétera. También puede tener una noche relajante después. Finalmente, no olvides lo importante que es darte afirmaciones positivas. Por ejemplo, "¡Lo terminé!" o "¡Yay! ¡Lo hice muy bien! "

Si no pudo lograr su objetivo, vuelva a evaluar por qué no lo hizo. Trate de asegurarse de que los objetivos sean alcanzables y concretos. Repita el proceso que tomó nuevamente para que pueda lograrlo la próxima vez.

Evalúa tus Metas

Al decidir qué tipo de objetivo desea perseguir, debe determinar si un objetivo es realmente suyo. Para muchos niños, sus padres son los que tienen un objetivo, y simplemente se espera que los niños sigan sus deseos. Hace que los jóvenes se sientan miserables y, a menudo, tienen que pasar por sus vidas persiguiendo los sueños de sus padres. Este caso es especialmente cierto con los padres asiáticos. Por ejemplo, piense en una madre coreana que quiere que su hija crezca y aprenda a tocar bien el violín. Todos conocemos personas que son así. Dado que los padres presionan continuamente a sus hijos para que se desempeñen bien en sus estudios, también pueden establecer un objetivo que el niño no desea en última instancia. Si la madre o el padre desean que el niño vaya a

Harvard, el joven tiene que cumplir o ser etiquetado como un rebelde. No es una dinámica saludable, en cualquier caso.

Por lo tanto, es crucial encontrar y seguir su sueño, no la visión de otra persona para su vida. Tu meta no tiene que venir de los demás. No permitas que alguien más te gobierne e influya en tus objetivos. Debes tomar posesión de tus sueños y metas; después de todo, es una cosa singularmente individual. Al hacerlo, usted tiene más responsabilidad en su vida y puede ayudar a que su situación mejore drásticamente. Determinar su sueño le brindará muchas oportunidades y oportunidades como persona, algo que nunca podría encontrar de otra manera.

Maneja tus Pensamientos Pesimistas

La parte crucial de la TCC es aprender a lidiar con esos pensamientos negativos que contaminan tu mente. Debido a que tiene los objetivos para lograr el éxito en la vida, también necesita encontrar una manera de llevar a buen término su plan de bienestar. Para que esto suceda, debes contrarrestar todas esas negatividades, ponerte de lado y ser más proactivo para lograr cosas. La mente es como un campo de batalla, y tienes que saber cómo jugar el juego con ella. El cerebro humano es una de las cosas más complicadas del universo, y es importante aprender a lidiar con la presencia de la negatividad que puede afectar gravemente su perspectiva general.

Por lo tanto, siempre mantenga sus metas y sueños en mente. Piensa a ti mismo: "Soy una persona capaz. He tenido mucho éxito en el pasado. Tengo un plan que quiero ejecutar con cuidado y con éxito. ¡Yo puedo hacerlo!" Ofrecerse a sí mismo emocionalmente animará a su espíritu y lo preparará para alcanzar los objetivos que se ha fijado. Manténgase alentado y afirme sus habilidades y lo que ha podido lograr también. Puedes decir: "Soy súper talentoso e inteligente. Estoy dotado en esta área. Me eligieron para este trabajo por una buena razón. Sé que puedo hacer todo lo que me proponga."

Además, es esencial contrarrestar las negatividades al invalidarlas. La verdad es que los sentimientos y pensamientos pueden mentirte. No siempre revelan con precisión la situación real en la que se encuentra una persona. Por lo tanto, debe encontrar formas de decir cosas como "¡Eso es una mentira!", "¡No es verdad!" Y "¡Cállate!" Debes expresar las mentiras que sientes. Es una buena manera de responder a estos pensamientos problemáticos.

Finalmente, contrarrestar las ideas negativas consiste en enmarcar su mentalidad para que ya no piense en las cosas pesimistas de su vida. De esta manera, verás lo positivo. Practicar una actitud de agradecimiento te ayudará a lograr esto último. Piensa en las cosas que te hacen agradecer por lo que tienes. Por ejemplo, casa, refugio, cónyuge, hijos y todas esas otras cosas. La gratitud puede hacer maravillas en tu vida y hacerte más feliz, especialmente cuando tratas con pensamientos negativos.

Conclusión

En resumen, es importante buscar algo que lo lleve a perseguir un objetivo. Encontrar un objetivo puede ayudarlo a lograr algo en su programa de bienestar. Si tienes uno, entonces podrás perseguirlo con todo lo que tienes.

Debes encontrar metas que sean alcanzables. No deberían ser los tipos que son demasiado elevados o demasiado altos para lograrlos. En su lugar, deben ser alcanzables dentro de un plazo razonable.

Encuentre una meta que cumpla con sus expectativas y trabaje de acuerdo con el sueño de su vida. No debería ser de otra persona, incluso si esa persona es su padre, hermano o pariente cercano. Necesita ser tuyo. Deberías hacerlo porque lo amas, no porque otro individuo te obligue a hacerlo.

A continuación, debe evaluar qué tan realista es su objetivo. Piense en las expectativas que tiene de usted mismo y en cómo puede alcanzar su objetivo. Más importante aún, debe aprender a contrarrestar los pensamientos negativos que pueden surgir en su mente a lo largo del camino mientras busca vivir una vida significativa y orientada hacia el objetivo. Si bien puede enfrentar algunos desafíos, aún puede lograr los objetivos que se ha fijado. Todo es posible a su debido tiempo.

Esfuércese por hacer lo mejor que pueda, y podrá cumplir con sus expectativas. Establecer el objetivo. Evalúalo. Alcanza tus objetivos y hitos. Vive tu vida en alegría y plenitud.

Capítulo 4: Remodelando tu Actitud

En este capítulo, discutiremos cómo la TCC ayuda a los pacientes a modificar su actitud.

Hay poder en la positividad que va más allá de lo que se ve a simple vista. De hecho, puedes hacer una diferencia en tu perspectiva cuando miras el lado positivo de las cosas. Se levantará por la mañana el lunes pensando: "¡Puedo hacer esto! ¡Quiero ir a trabajar hoy! ¡Va a ser genial!"

Cuando vea que puede aportar algo bueno a este mundo, deberá tener una actitud positiva y ajustar sus expectativas. Piénsalo. La vida es demasiado corta para que la atravieses mientras te quejas de cada pequeño detalle. Y sabemos que a todos les gusta quejarse de las pequeñas cosas de la vida, como una comida que tarda demasiado en prepararse en un restaurante, el ruido que se produce durante su pausa para el café o la temperatura en su oficina. Aunque la vida a veces es un poco triste, no siempre tiene que ser así. Por esta razón, vamos a ver cómo puede tener una actitud positiva y cómo puede cambiar la forma en que aborda las nuevas situaciones.

Primero, es esencial darse cuenta de que hay muchas fuentes de dificultades y desafíos en nuestras vidas. Nada que valga la pena perseguir nunca viene fácilmente. Siempre se requiere mucho trabajo y dedicación para realizar incluso las tareas más minuciosas. Y a menudo, no podemos lograr nuestros objetivos porque estamos desanimados por el peso de todas las expectativas que hemos puesto sobre nuestros hombros, tanto por los demás como por nosotros mismos. En medio de todo eso, hay una necesidad de perseguir nuestros objetivos y sueños. Cuando pensamos en el objetivo final, entonces sabemos que siempre estamos avanzando, un paso más cerca de ese hito que marcará una diferencia en nuestras vidas. Quizás su meta sea ganar esos $ 5,000 adicionales por año o ahorrar dinero para sus próximas vacaciones o estar más saludable y tener una perspectiva más positiva y superar su depresión. A veces, los objetivos más directos son mejores porque pueden llevarnos a perseguir los más involucrados.

¿Quieres ser Más Positivo? Practica la Gratitud

Entonces, podrías preguntar: "Tina, ¿cómo obtienes esta mentalidad positiva que se supone que cambiará mi vida?" Bueno, puedo decir que es mucho más fácil para ti lograrlo de lo que crees. Lo que quiero que hagas ahora mismo es anotar diez cosas por las que estás agradecido en un papel. Saque un bolígrafo y un bloc de notas, y anote todos sus pensamientos. Date unos cinco minutos para hacer esto. Puedes ver qué influye en tus pensamientos al sentirte o qué te hace sentir agradecido.

La gratitud es una de esas cosas poderosas. Te ayuda a salir de la rutina cada vez que te sientas atrapado. Te hace más feliz. Te permite superar los azules depresivos. Cuando tiene una situación en la que pierde un trabajo o tiene una situación catastrófica, le lanza una bola curva, puede sentirse impotente y completamente destrozado por el daño que le ha causado. Sin embargo, cuando escriba lo que está agradecido, verá cuán bendecidos son y se les ha dado mucho en su vida. La verdad es que nadie merece esta vida. Es un regalo, y es precioso en eso. Cuando te das cuenta de la cantidad de cosas que te han sido entregadas, deberías ver que tienes muchas personas a las que agradecerte por sacarte de la cuneta. Piense en sus padres, amigos, situación financiera (ya sea buena o mala), comunidad, trabajo (no todos tienen un buen trabajo en estos días), etcétera. Reflexione sobre estas bendiciones y elimine los sentimientos de derecho que puede tener al respecto. Date cuenta de que obtienes mucho más de lo que mereces, y eso es un regalo de gracia. Tomar un momento para agradecer a alguien que ha marcado una diferencia en su vida es una parte integral de la práctica de la gratitud. Y, créeme, te iluminará todo el día.

Detente un Minuto y Escriba Diez Cosas por las que Estás Agradecido y Luego Vuelva a Mí

Una vez que haya hecho eso, estará en camino de convertirse en una persona más positiva. Recuerda un momento en que tuviste éxito. En la escuela secundaria, obtuviste una A en ese periódico en inglés y obtuviste una buena nota en la clase. O, en la universidad, obtuviste una pasantía premium para una firma de consultoría que finalmente te llevó a un trabajo de tiempo completo allí. Tal vez pudiste superar una enfermedad grave de la que te curaste milagrosamente. Sé agradecido y recuerda los tiempos que pasaron y cómo lograste superar muchas cosas. Piensa en lo fuerte que eres para superar cualquier desafío que se te presente. No todos pueden luchar tan duro como puedas. Tener una enfermedad mental puede ser difícil. Puede ser muy difícil salir de la cama por la mañana. ¡Tan pronto como haya podido superar esa dificultad, reconozca y celebre! ¡Es la mejor manera de avanzar!

Conviértete en un Héroe siendo Positivo

Habiendo desarrollado una mentalidad positiva, ahora puedes cambiar el mundo. Y una de las mejores maneras de hacerlo es ayudar a los demás a tu alrededor. Eso puede alterar su estado de ánimo y sentirse mucho más que nada. Por ejemplo, cuando ayudas a una anciana a cruzar la calle con sus compras, haces algo especial por otra persona. Eso puede aumentar tu autoestima y hacerte sentir feliz.

Ayudar es una forma de terapia que le permite marcar la diferencia con las personas que lo rodean. Es muy potente. Cuando tiene una mentalidad de ayuda y positividad, puede cambiar muchas cosas en todas partes, así como desarrollar su mentalidad y actitud. Por ejemplo, si sonríes ante tu reflejo en el espejo y ante los demás, verás que te sientes mucho mejor contigo mismo. Te permitirá sentirte mucho mejor contigo mismo. Te permite disfrutar de esa emoción positiva.

Este efecto puede ser más poderoso cuando intentas reírte. Ya sea que hagas una broma, veas una comedia en Netflix o te rías con tus amigos, la risa ha demostrado ser una gran medicina para combatir los pensamientos negativos que te rodean. Todas estas cosas contribuyen a sus sentimientos positivos y le permiten sentirse excelente en el proceso. Es crucial desarrollar una mentalidad de juego, alegría y agradecimiento. Esto te hará un héroe positivo que puede ser una fuente de luz en medio de la oscuridad de la negatividad en este mundo. Como hemos mencionado, hay mucho por lo que estar deprimido en este mundo; sin embargo, puede hacer su parte para hacer del planeta un lugar mejor infundiendo positivamente su entorno. Eso va a cambiar tanto tu forma de pensar como el mundo en sí mismo.

No voy a mentirte; Va a ser difícil ser positivo a veces. Podrías sufrir mucho por las preocupaciones y preocupaciones de esta vida. Algunos días, tal vez te preguntes: "¿Por qué me importa? ¿Por qué debería ir a trabajar hoy? Tal vez quiera recostarse en la cama todo el día y dormir porque no puede motivarse para seguir adelante. Pero, ¿qué pasaría si tuviera que decirle que es posible superar su duda al ser una persona positiva y más productiva? De hecho, es posible.

Caso de Estudio

Jeremy estaba teniendo dificultades en la escuela. Reprobó su examen de matemáticas y no pudo motivarse para estudiar para el examen. El niño tenía muchas preocupaciones y se preguntaba si sería capaz de ingresar a la universidad con una calificación baja en esa clase. Sabía que, naturalmente, no era bueno en matemáticas y comenzó a deprimirse. Se puso tan grave que Jeremy no pudo levantarse por la mañana. Entonces, fue a ver a su terapeuta que le estaba enseñando algunas técnicas de TCC.

Su nombre era Dr. Yellen, quien resultó ser un psicólogo talentoso. El Dr. Yellen le dijo a Jeremy que necesitaba fijarse una meta para salir de ese lugar de negatividad. Él quería que se trate de una C en la clase al menos y obtener un poco de ayuda en el proceso de tutoría. Jeremy se sintió mejor y se dio cuenta de que este plan de acción era la mejor manera de avanzar. Así que, trabajó con su tutor llamado Jack. Juntos, trabajaron todo. Jack le dijo a Jeremy: "Sé que estás haciendo lo mejor que puedes. Te estás esforzando y no debes rendirte por nada. Dígase a sí mismo: 'Soy una persona capaz. ¡Yo puedo hacerlo!'" Jack le enseñó a Jeremy un montón de conversación positiva, y esto ayudó mucho a Jeremy, especialmente cuando enfrentaba diferentes desafíos en su vida.

Jeremy una vez obtuvo una "F" en su prueba. En lugar de decirse a sí mismo, "eres tan estúpido. Vete a casa y llora en tu cama ", dijo," Está bien, Jeremy. Lo harás mejor la próxima vez. Estudia más, trata más duro y lo harás mejor. Pero primero debes buscar ayuda ". Con esta mentalidad positiva, Jeremy aprendió a animarse a sí mismo y desarrollar una actitud de "puedo hacer". Con la ayuda de Jack, su tutor, pudo obtener con éxito esa "C" en la clase de matemáticas después de un aliento continuo y tutoría. Resultó genial, y todo fue porque Jeremy estaba desarrollando una forma de pensar positiva. Hay mucho poder en el optimismo y en cómo puede cambiar tu vida. El principio fundamental en este ejemplo es el de la auto-conversación positiva. Esta es una forma de enfrentar los pensamientos negativos que inevitablemente se infiltran en nuestra conciencia.

Conclusión

Sé tu héroe positivo y haz eso por los demás. Esa es una solución que va a hacer una diferencia en este mundo. El camino a seguir es ser la mejor persona que puedas ser, y eso significa jugar con tus fortalezas y desarrollar tus debilidades. Como vimos con el ejemplo anterior, Jeremy pudo superar su debilidad al obtener una "C" en su clase de matemáticas con éxito. Lo hizo con mucho trabajo y dedicación, pero también con la ayuda de su mentor y tutor, Jack. Juntos, fueron capaces de lograr lo imposible, y fue increíble cómo sucedió.

Eso es algo que también puedes lograr. Practica el pensamiento positivo y verás el resultado de tu arduo trabajo y tu devoción. Tienes que trabajar para cambiar tu actitud y convertirla en algo que puedes hacer por ti mismo. Requiere dedicación y compromiso, e involucrará su remodelación de su mentalidad, eso es cierto. Sin embargo, cuando lo des todo, te darás cuenta de que todo es posible y que puedes lograr tus sueños cuando te propongas hacerlo. Cuando crees en ti mismo, cualquier cosa puede pasar. Puedes escalar la montaña más alta del mundo, por ejemplo. Puede obtener una "A" en la prueba que ha estado temiendo tomar. Puede obtener una maestría o incluso un doctorado. Puedes viajar por el mundo. Usted puede ser la persona que fue diseñada para ser.

Cree en ti mismo y llegarás a tus sueños. Entonces, puedes vivir una vida más saludable, más feliz y más significativa.

Capítulo 5: Reconocer y Modificar tu Sistema de Creencias

En este capítulo, me ocuparé de los conceptos básicos para reconocer y modificar sus creencias fundamentales, que son esenciales para la terapia de conducta cognitiva (TCC).

Cuando estás deprimido o ansioso, tus sistemas de creencias centrales están fuera de control, y piensas que no puedes hacer nada al respecto. Por ejemplo, usted podría sentirse débil, necesitado e incompetente, o como si fuera alguien que no está a la altura de nada. Podrías decirte a ti mismo todas estas cosas para derribarte después de una lucha que has tenido. O puede que sientas que eres desagradable y diferente de la manera incorrecta. También podrías pensar que estás roto y que muchas personas te han quemado. Peor aún, puedes sentir que eres una persona sin valor. Todas estas cosas encierran pensamientos de negatividad con los que podrías haber estado lidiando por un tiempo.

Puede sentirse impotente y no puede salir de esta situación. Es posible que haya tenido estos sentimientos durante mucho tiempo. A menudo, las personas mantienen creencias fundamentales que han tenido desde que eran niños, generalmente del tipo que surge como resultado de algún incidente traumático u otras cosas. Es posible que estos niños hayan desarrollado emociones negativas a lo largo del tiempo, y sigue regresando, no importa lo duro que intenten superarlo. Y cuando consideras una idea o tratas de ignorarla, no puedes sacarla de tu cabeza. Así es como se forman típicamente los patrones de pensamiento negativo.

Sin embargo, estoy aquí para decirles que hay esperanza. No tienes que pensar en estas ideas. Puedes desviarlos o alejarlos de ti. Aquí hay algunos pasos que puede seguir para hacer precisamente eso.

Paso 1: Identifica si tu Mentalidad es Estable o Cambia de acuerdo a tu Estado de ánimo

Hay dos tipos de creencias fundamentales negativas. Uno de ellos nunca cambia. No importa qué día sea, sabes que eres malo en la ciencia, por lo que te sientes mal y siempre te castigas por ello. El otro es el tipo en el que puedes alterar tu mente dependiendo de las circunstancias. Di, has tenido un día perfecto en el trabajo. Te sientes como si estuvieras en la cima del mundo; Por eso sales a celebrarlo. Luego, refuerza ese sentimiento con el diálogo interno, como por ejemplo: "Soy una gran persona. Terminé este proyecto antes de la fecha límite, ¡y me siento increíble!"

Ahora, digamos que su turno ha sido horrible hasta ahora. Un cliente le grita por un proyecto que se entregó, y usted cree que es un trabajador pésimo y que debería renunciar a su trabajo. Es posible que te sientas deprimido en ese tipo de día. Sin embargo, si tienes el segundo tipo de mentalidad, puedes cambiar tu estado de ánimo. Después de todo, solo porque tengas un mal día no significa que seas una persona horrible. Los días malos les pasan a todos.

Paso 2: Enfatiza los Pensamientos Positivos que Tienes sobre ti mismo para Desviarte de las Ideas Negativas

Al centrarse más en las cosas positivas que puede decir sobre una circunstancia, podrá deshacerse de esos pensamientos negativos que acechan en su mente. Sin embargo, ese no debería ser su único objetivo final. Es posible que no logres eliminar esto último al enumerar solo las ideas optimistas porque no es así como funciona a veces. Es posible que aún tenga que lidiar con uno o dos pensamientos negativos a medida que ingresan en su vida. Lo que puedes hacer es enfatizar demasiado lo positivo para (con suerte) ahogar los pensamientos negativos que te rodean. Entonces, piense en lo que es importante y vea los resultados de su trabajo.

Paso 3: Comienza un Diario de Pensamientos Positivos

Durante tres semanas, comprométase a anotar sus pensamientos y piezas de evidencia para respaldar sus nuevas creencias centrales. Por ejemplo, si quiere probarse a sí mismo que usted es una persona confiable y confiable, puede escribir "Soy confiable" en un pedazo de papel y luego mencionar todas las razones por las que piensa. Diga, explique que cumple con sus citas, cumple con sus compromisos, se mantiene fiel a su palabra y siempre haga un seguimiento con los demás. Escribe cosas así cada vez que suceda para que tengas una prueba de cuán confiable eres realmente. Sin embargo, no te castigues si te equivocas. Podría caerse de espaldas y cometer un error, pero puede levantarse y decir: "Solo fue un error". Esto hará todas las diferencias a medida que busque mejorar su situación.

Paso 4: Reevalúate

En el siguiente nivel, debe volver a evaluar cómo lo hizo. Tal vez notará que su creencia central ha cambiado de ser demasiado negativa (por ejemplo, "No soy digno de confianza" y "Soy un mentiroso") a ser ligeramente positiva (por ejemplo, "Soy confiable y confiable"). Tomará algo de tiempo y práctica, pero una vez que lo logres, estarás muy feliz. Tenga en cuenta que también se debe progresar, aunque se necesita tiempo y compromiso. Siempre haga un esfuerzo para volver a evaluar sus esfuerzos a lo largo del tiempo.

Paso 5: Diselos a una Persona en la que Confíes

El siguiente paso es esencial porque no puedes mantener todos estos pensamientos y calificaciones para ti mismo. Debes contarle a un amigo o mentor de confianza acerca de tus metas para que puedan responsabilizarte de tus patrones de pensamiento y animarte mientras intentas mejorar. Esa persona puede ser como una animadora para usted que puede compartir sus luchas y victorias. Es muy útil tener a alguien que le recuerde sus sueños y lo ayude a superar las dificultades y los desafíos que seguramente enfrentará en la vida.

Paso 6: Trata de Descubrir de Dónde Vienen tus Viejos Pensamientos

Debes tratar de averiguar de dónde vienen los pensamientos negativos para que puedas entender por qué te sientes como te sientes. Esto también te ayuda a entenderte un poco mejor. Por ejemplo, puedes ser introvertido y temes que otros chicos se burlen de ti debido a tu falta de atletismo. Por lo tanto, podría tener un trauma de hacer actividades relacionadas con los deportes con otros y siempre inventar excusas para evitarlos. Muchas de estas experiencias se originan desde la infancia y como hemos enfrentado situaciones incómodas al principio. Debes tratar de entender esto porque te ayudará a comprender los pensamientos negativos que pueden penetrar en tu mente en un momento dado.

Paso 7: Observate a ti mismo Cada Vez que Caigas en una Espiral en un Diálogo Interno Negativo

Cuando comienzas a tener pensamientos negativos (por ejemplo, "Soy estúpido") cada vez que olvidas las llaves de tu auto o cometes otro error, debes hablar contigo mismo de una manera alentadora para poder volver a subir.Diga algo como: "Todos cometemos errores; está bien. No se preocupe por eso ". Dese espacio y tiempo para recuperarse de tales incidentes y continuar en su vida.

Paso 8: Evalúa Cuánto Aceptas Pensamientos o Creencias Negativas

Aceptar o rechazar un pensamiento o creencia negativa ocurre en el momento de pensar. Y tiene una opción: tómela o ignórela y dígase: "¡Eso es una mentira! ¡No crea eso!"Es posible que experimente un sentimiento negativo en un momento dado, pero eso no significa que usted crea ese punto en todo momento. Puede que solo sea una fase pasajera que experimenta a veces. Tome nota de cuando esto sucede y actúe en consecuencia.

Veamos un ejemplo práctico de cómo funciona esto. Julie es estudiante en la Universidad de Washington y Lee. Ella está luchando para entender su lección de historia y se siente muy mal por eso. Julie continuamente se dice a sí misma: "No soy buena en historia. Nunca pasaré esta clase. Soy un mal estudiante ". Últimamente, sus notas han sufrido. Tuvo un accidente traumático y tuvo que ir al hospital durante dos semanas. Sus piernas quedaron incapacitadas, y ella no podía caminar.

En consecuencia, su conversación interior negativa se amplificó, y Julie comenzó a regañarse por la situación en la que se encontraba. Ella nunca podría darse un descanso. Julie también tenía que ir en silla de ruedas a la clase todos los días y hacer que la gente la ayudara con sus libros y notas, etc. Luchó con la autocompasión y la duda y sabía que era débil en la historia, pero Julie también quería tener éxito en la escuela. Por lo tanto, habló con su terapeuta sobre cómo su vida podría mejorar y permitirle obtener mejores calificaciones. Luego, habló con su profesor sobre cómo podría tener un alojamiento para terminar sus tareas con más tiempo permitido. El profesor, el Dr. Hennings, era muy comprensivo y quería brindar todo lo que pudiera para ayudar a Julie. Al final, Julie trabajó muy duro. Ella nunca se rindió. Y ella fue capaz de obtener una nota aprobatoria en la clase de historia. Después, Julie se dijo a sí misma: "Mira, no eres incompetente. ¡Lo hiciste! Pasaste clase de historia porque trabajaste duro y eres una persona dedicada. Puedes hacer todo lo que te propongas ". Cuando apliques este principio de conversación positiva con uno mismo en cualquier aspecto de tu vida, funcionará de maravilla (como lo hizo para Julie).

Conclusión

Puedes ver que el poder de modificar tus sistemas de creencias ha ayudado a muchas personas como Julie a lograr sus objetivos. No siempre es una hazaña fácil de lograr, y una persona a menudo puede sentir muchas dudas y preocuparse por cómo vivirá su vida. Sin embargo, una vez que superas la situación, todo se vuelve mucho mejor y tu preocupación y duda pueden desaparecer. También empiezas a afirmarte por todas las cosas positivas que haces bien y no te estresas por las que no. La diferencia que hará en tu vida es increíble.

Capítulo 6: Cómo Lidiar con La Preocupación y La Ansiedad

Todo el mundo tiene preocupaciones. Nos preocupa el peso que ponemos, la cantidad de dinero que tenemos en nuestras cuentas bancarias, la cantidad de billetes que recibimos cada mes y todas las demás cosas que tenemos que hacer en nuestras vidas. Aunque eso es normal, para algunas personas que luchan con la ansiedad y la depresión, sus preocupaciones afectan gravemente su capacidad para funcionar y realizar las actividades diarias. Este es un obstáculo importante que debe tratarse de inmediato para evitar que impida el camino del éxito de alguien.

En este capítulo, por lo tanto, vamos a explicar formas prácticas sobre cómo lidiar con las preocupaciones y ansiedades que pueden fácilmente vencerlo.

Respuesta: Lucha o Escapa

Cuando se trata de manejar la ansiedad y la preocupación, las personas tienden a elegir enfrentar el problema que les causa ansiedad o controlar el nivel de estrés que tienen para poder resolver el problema. Muchas personas se ven tentadas a evitar situaciones que los metan en problemas, y eso los pone en una situación desafortunada. Después de todo, si intenta evitar una circunstancia estresante, la ansiedad que experimenta una segunda vez hará que el problema sea aún más abrumador. Por lo tanto, es mejor encontrar formas de responder a un factor estresante determinado en lugar de intentar alejarse de él.

Una forma de lidiar con su estrés y ansiedad es participar en actividades físicas que le permitan combatir sus preocupaciones. El ejercicio ha sido un método comprobado para deshacerse de la ansiedad desde que liberas endorfinas y otros químicos que te hacen sentir bien al ejercitarte, lo que te permite sentirte mucho mejor. El ejercicio también ayuda a reducir su nerviosismo.

Resolución de Problemas Estructurados

Para poder enfrentar sus problemas directamente, debe ensayar una situación estresante de antemano y pensar cómo reaccionará ante ella. Esta simulación le permitirá ver cómo debe lidiar con una circunstancia negativa en el futuro. También le ayudará a saber qué debe hacer ante un problema. Si usualmente te preocupa, encontrarás que puedes hacerlo mejor una vez que te enfrentas a asuntos difíciles con una forma práctica y estructurada de resolver un problema por adelantado.

Trata de Limitar el Consumo de la Tecnología y las Herramientas de Mensajería

La tecnología ha sido una fuente comprobada de muchos problemas en nuestras vidas. Sin duda, es una de las principales causas de ansiedad porque revisamos nuestras cuentas de Instagram o Facebook constantemente y vemos mensajes que nos preocupan. La tecnología también ha sido continuamente una fuente de estrés. Si limita deliberadamente sus interacciones con él, encontrará cuán liberador es hacerlo. Enfrentarás menos distracciones y te sentirás más productivo en general. Trate de pasar un día con un uso mínimo de los avances tecnológicos o ninguno en absoluto. Verás la diferencia en tu perspectiva en la vida.

Prueba las Técnicas de Meditación y Aromaterapia.

Cuando estás estresado en el trabajo o en la escuela y no sientes que hay una salida, puedes intentar hacer meditación. Encuentre un lugar tranquilo para sentarse y relajarse con una buena música que le dé a su mente una sensación de calma. Cierra tus ojos. Concéntrate en tu respiración. Practica la atención plena y disfruta de una nueva forma de pensar. También puede ser más positivo en el proceso, notar que su corazón deja de latir tan rápido y ser capaz de concentrarse en asuntos esenciales. Además, puede hacer aromaterapia obteniendo algunas velas o aceites perfumados que lo ayudarán a volver a donde necesita estar.

Tomq un Baño/Ducha Caliente para Probar la Acuaterapia

Otro método que te ayuda es la acuaterapia. Cada vez que toma un baño o una ducha caliente, se siente relajado y fresco al instante. Entonces, siéntase libre de sumergirse en el agua por más tiempo de lo normal, permita que exfolie su piel y note el cambio en usted.

Ejercicio

Aunque ya hemos mencionado la importancia de hacer ejercicio para mejorar su bienestar, lo mejor que puede hacer es encontrar un tipo de actividad que funcione para usted. Hay muchas opciones para probar. Los aeróbicos, en particular, son útiles para liberar endorfinas que te ayudan a sentirte bien y mejorar tu estado de ánimo. Puede experimentar beneficios tanto físicos como psicológicos al hacerlo.

Caminar mucho también puede poner su salud en orden. Cuando comienza a sentirse ansioso o preocupado, puede dar un paseo largo y enérgico. Mejor aún, puede hacer un trote corto e intensivo alrededor de la cuadra y sentir que el estrés y la ansiedad desaparecen. Estos pasos te ayudarán a experimentar la libertad y la paz mental como nunca antes.

Tratar con la Procrastinación

La dilación es un problema que causa a muchas personas mucho estrés y ansiedad. La razón por la que luchan con esto es que no saben cómo administrar su tiempo. En consecuencia, las personas se preocupan más de lo que necesitan cuando deberían pensar en ello como administrar su dinero. Tienes que dar un paso a la vez; no puedes tener millones en el banco simplemente orando por ello. Hay varios pasos que debe tomar para superar la dilación.

1. Priorice y haga lo que absolutamente debe hacerse hoy. Luego, enfóquese en otras tareas cuando necesite terminarlas.
2. Haga una lista de tareas todos los días y marque todo lo que pueda.
3. Establezca metas diarias para las tareas que desea realizar.
4. Establezca objetivos semanales que desee cumplir dentro de un período de tiempo determinado.
5. Date un descanso de vez en cuando. Por ejemplo, algunas personas se vuelven sabáticas y no trabajan en ese día en particular. Esta es una buena manera de manejar el estrés y liberar la carga que puede conllevar trabajar durante toda una semana. Libérate a ti mismo. Sé amable contigo mismo.
6. Recompénsate cuando las cosas vayan bien, también. Ir al cine, tomar una copa en el bar y salir con amigos.

La dilación es tanto una mentalidad como un hábito con el que muchas personas están atrapadas. Sin embargo, no debe esperar hasta que se haya apoderado de su vida antes de intentar contrarrestarla. Puede crear un plan de acción ahora que le permita hacer todas las cosas que necesita hacer cada día. Entonces, puedes recompensarte cuando todo va bien. Sin embargo, no se castigue cuando las cosas se ponen ocupadas, y se encuentra postergando tareas diferentes.Es normal; Sólo déjate llevar. Descubrirás las cosas a tiempo.

Conclusión

Hemos hablado sobre los puntos de cómo lidiar con la ansiedad y la preocupación al entrar en nuestras vidas. La mejor manera es tratar de minimizar todas las causas del estrés, como la dilación. También puede limitar el uso de la tecnología y tomar una ducha o baño caliente, entre otras estrategias que hemos enumerado anteriormente. Eso es solo cuando podrás vivir tu vida libre de ansiedad.

Capítulo 7: Deshacerse de la Negatividad en tu Vida

¿Qué es la Negatividad?

La negatividad es una forma de ver el mundo que suele estar marcada por lo que una persona siente sobre las cosas, las personas o las situaciones. Puede que no refleje la realidad, pero algunas personas creen en ella. El problema con la negatividad es que viene de lo más profundo de ti mismo. Cuando se omite el pensamiento negativo, entonces solo se enfocará en lo negativo y no lo suficiente en lo positivo. Esto significa que una persona puede pensar en lo peor que puede pasar en su vida. Las personas negativas se muestran escépticas con respecto al consejo que se les da, y tienden a no confiar en las personas basándose en sus experiencias pasadas.

Aunque alguien puede ser negativo, no es una mentalidad saludable para meterse, y le dificulta profundamente la capacidad de hacer conexiones con los demás. ¿Eres el tipo de persona que ve el vaso medio vacío o medio lleno? Si eres optimista sobre la vida, tenderás a centrarte en lo último. Si eres una persona negativa, te centrarás en la primera y verás las debilidades en cada situación o persona.

Cuando un individuo pesimista se enfrenta a un desafío o dificultad, predice un resultado negativo antes de que ocurra el evento.

¿De Dónde Vienen los Pensamientos Negativos?

Los pensamientos negativos provienen de una variedad de fuentes, como los patrones que hemos formado a lo largo del tiempo y las creencias que hemos hecho sobre el mundo. Los valores pueden incluir autoestima, dinero, trabajo, relaciones, etcétera. Para comprender de dónde provienen los pensamientos negativos, primero debe hacerse algunas preguntas.

1. ¿Siempre te quejas de todo?
2. ¿Culpas a los demás antes que a ti mismo?
3. ¿Tiende a predecir los resultados más desfavorables en una situación dada?

Otras cosas también pueden contribuir a su pensamiento negativo. Por ejemplo, criticar a las personas, sentirse víctima de situaciones, tener pensamientos depresivos, mirar las noticias todo el tiempo y sentirse mal por ello, y siempre predecir situaciones de desastre.Al considerar tales ideas, debes darte cuenta de que cuanto más te juntes con personas negativas, más pesimista te volverás. Los pensamientos negativos se propagan como el fuego cuando estás en compañía de personas que piensan de esa manera. Por lo tanto, es vital encontrar amigos que puedan alentarte y construirte en lugar de los que te guíen hacia el camino oscuro.

Los Efectos de Tener Pensamientos Negativos

Los pensamientos negativos impactan severamente tu bienestar. Cada vez que tienes ideas pesimistas, tu cerebro entra en modo de supervivencia y se estresa por cada situación que se presenta. Si una persona experimenta estrés crónico, él o ella sentirá sus efectos física y mentalmente. Ya sea que lo sepa o no, verá que esos pensamientos negativos obstaculizan su capacidad para funcionar y tienen consecuencias a largo plazo. Puede descubrir que su apetito también se suprime o puede comer en exceso a veces para hacer frente a los problemas. Después de todo, perder y ganar peso son síntomas comunes de lidiar con pensamientos negativos porque su cuerpo está experimentando mucho estrés.

Además, las negatividades pueden causarle problemas con amigos, colegas, familiares y otras personas en su entorno. Siempre y cuando hagas hincapié en lo negativo, otras personas seguirán su ejemplo y se apresurarán a juzgar y criticar a las nuevas personas que conozcan. Crea un efecto dominó, que aporta mucho estrés y ansiedad a todos los involucrados.

Si siempre eres negativo, notarás que también te deprimes mucho más fácilmente. Nunca puedes mirar el lado positivo de la vida, y no confías en nadie (incluyéndote a ti mismo). Como pesimista, será infeliz y otros querrán quejarse con usted. Ser negativo te hace una persona miserable y evita que otros salgan contigo.

Es crucial pasar cada día sin negatividad. Puede causar una gran cantidad de problemas de salud e incluso afectar el bienestar de sus seres queridos. Además, si estás con gente que te derriba, no querrás estar con ellos. Por lo tanto, es vital que encuentre personas que sean positivas y puedan ser una gran influencia para usted.

A continuación, hay 31 formas de dejar de ser pesimista y comenzar a vivir una vida llena de alegría y positividad.

1. Crea distancia entre tú y las personas negativas a tu alrededor. Piense en una persona que conoce que siempre es negativa y se queja de cada situación. Si ese es un amigo o compañero de trabajo, debe poner cierta distancia entre usted y él o ella. No pasen demasiado tiempo juntos tanto como sea posible; Cuanto más lo hagas, más podrás sentir dolor y ansiedad.
2. No te sientas mal por cortar tus lazos con personas negativas. Si tiene que terminar las relaciones con ellos, simplemente piense que tiene que hacer lo que es correcto para usted. Quizás ha pasado mucho tiempo con esta persona, pero siempre puede encontrar otras

personas que puedan alentarlo. Trate de priorizar el último tipo de individuos.

3. No discutas con personas negativas. Tales argumentos pueden llevar al drama, y usted no quiere mezclarse con eso. En su lugar, debes alejarte de él y regresar cuando todos estén listos para ver la razón.

4. Estar con individuos positivos. Al enfocar su energía en ellos, naturalmente también se volverá más positivo. Se sentirá bien con estas personas y, como resultado, tendrá una actitud más positiva.

5. Haz un deporte o únete a una actividad de club. Los pasatiempos y los deportes son excelentes maneras de infundir positivamente tu vida. Cuando estás con otras personas de ideas afines, puedes lograr muchas cosas juntos. Esto crea un ambiente positivo que quieres tener.

6. Practica el diálogo interno positivo. Este es grande Si quieres ser positivo, tendrás que decirte cosas positivas para construirte. Por lo tanto, debe encontrar muchas afirmaciones positivas que aumentarán su autoconfianza y le permitirán hacer algo grandioso. Piensa en decir cosas como "¡Eres increíble!" o "¡Eres un jugador de béisbol increíble!" o "haces tan buen trabajo". Si practicas el darte cumplidos, encontrarás más afirmación en tu corazón y las cosas serán geniales.

7. Reemplace el pensamiento negativo con un pensamiento positivo. En lugar de insistir en el primero, intente

agregar este último cuando sus pensamientos comiencen a girar en la región negativa. Te sorprenderás del poder del pensamiento positivo y de cómo cambia todo el día cuando puedes hacerlo. Por ejemplo, tiene un caso de los lunes y teme ir a la escuela o trabajar en ese día en particular. Intente reemplazar ese pensamiento con algo positivo, como "Espero tener mi buen café y caminar al trabajo y sonreír". Alterarás todo tu punto de vista al hacerlo.

8. Fíjate cuando te estás deslizando hacia un patrón de pensamiento negativo. Debes cuidarte a ti mismo para no caer en la trampa de vivir en lo negativo. Por ejemplo, miras las noticias y ves un suceso horrible, como un ataque terrorista. Al mismo tiempo, su mente va a lo negativo y predice que sucederá un escenario desastroso.

9. Sé concienzudo y hazlo. El proceso de negar todos esos pensamientos dañinos tomará un proceso cuidadoso y diligente por el que tendrá que pasar. Debes tener la intención de evitar que los pensamientos negativos se apoderen de tu vida.

10. Practica la gratitud regularmente. Cuando se detenga a pensar en las cosas por las que está agradecido, tendrá más energía positiva que naturalmente gravitará en usted y se sentirá más feliz. Además, serás una persona más amorosa y cariñosa que quiere pensar en los demás y en cómo te han beneficiado o ayudado.

11. Piensa en cada acontecimiento hermoso en tu vida. La vida está llena de tristeza, angustia y desafío, pero también debes recordar todas las cosas buenas y estar agradecido por las experiencias que has tenido. Después de todo, no todos tienen los privilegios que usted tiene.
12. Escribe por lo menos cinco cosas por las que estás agradecido cada mañana. Puede hacerlo en un diario, un trozo de papel higiénico o incluso una servilleta de mesa. El material de escritura no importa mientras escribas las cosas que te hacen sentir agradecido. Puedes comenzar tu día con una nota alta de esta manera porque infundirás energía positiva a todo tu sistema.
13. No te quejes En lugar de quejarte por conseguir lo que quieres, ¡para! Mantén el pensamiento y sigue adelante. No debes hacer ninguna queja porque la verdad es que hace muy poco para ayudarte. A menudo, las quejas simplemente lo alejarán de lo que quiere, por lo que es inútil.
14. Dile a alguien "te amo". Esto podría ser un ser querido o un amigo cercano, hombres y mujeres incluidos. Decirle a alguien que los amas va a enviar muchos sentimientos positivos a tu sistema porque no hay un grupo de palabras que sea más seguro para ganarte tu corazón como "Te amo".
15. No chismes en tu oficina. El cotilleo es contagioso e infecta lugares de trabajo y escuelas. No es bueno; en

realidad, realmente puede causar conflicto y discordia en cualquier parte. Quieres evitarlo tanto como puedas.

16. Di gracias." No importa cuán pequeña sea la escritura que se haga por usted, siempre es mejor para la persona que le dio un favor. Practique decirlo mucho porque no hay nada como expresar gratitud a quien le esté hablando. Si alguien hace algo bueno por usted, por ejemplo, mantenga la puerta abierta, diga "gracias". Expresar gratitud es una parte esencial de ser feliz.

17. Exprese sus sentimientos positivos. Otra cosa buena que hacer es expresar las emociones optimistas que estás experimentando con los demás. Aclara tu estado de ánimo y te permite conectarte con otros, lo que, a su vez, llena la habitación con buen rollo.

18. No trates de leer las mentes de los demás. Muchas veces, asumimos lo peor en lo que las personas piensan de nosotros. Es mejor dejar de creer que las personas que te rodean simplemente tienen malos sentimientos hacia ti. Esto solo te traerá más estrés y ansiedad. Por lo tanto, debe dejar de saltar a conclusiones y pensar negativamente sobre cómo nos ven los demás. Sólo relájate y mantén la calma.

19. No mires las noticias. No hay nada más deprimente o desconcertante que ver los titulares que aparecen en la pantalla de su televisor. Hacen un asesinato de las malas noticias que están en los titulares todos los días. Es un gran esquema para hacer dinero para que los

espectadores lo vean y sintonicen. Sin embargo, no siempre debes estar viendo las noticias porque eso solo alimentará pensamientos negativos en tu mente y te hará sentir miserable. En su lugar, debes centrarte en un programa de comedia romántica o hacer más actividades edificantes que aumenten tu felicidad y sentido de satisfacción.

20. Establecer metas diarias alcanzables. Ser una persona orientada hacia el objetivo es una parte integral de convertirse en una persona más positiva porque ve cómo puede lograr todo lo que se propone hacer cada día. Cuando hagas esto, serás más alegre y exitoso. También hará una diferencia en su autoestima, confianza y moral en general. Y cuando logres tus objetivos, sal a celebrar con una copa de vino o una pinta de cerveza.

21. No hacer multitarea En su lugar, hacer una cosa a la vez. Si quieres ser una persona exitosa, una de las mejores cosas que puedes hacer por ti mismo es dejar de intentar hacer todo de una vez. Esta práctica te hace tener más déficit de atención y hace que completes las tareas de forma apresurada porque deseas eliminarlas rápidamente de tu lista de tareas pendientes. Sin embargo, la verdad es que hace mucho más cuando tiene cuidado y se enfoca en una sola actividad, ya que su cerebro está conectado para concentrarse en una sola cosa en un momento dado. Por ejemplo, hazte un favor y deja de tener tantas pestañas abiertas en tu navegador

Google Chrome. Deja de responder a los textos durante tus horas de trabajo también.

22. Busca tu vocación más elevada en la vida. Otra cosa que debes hacer es ser consciente de tu propósito en la tierra. Por ejemplo, puede recurrir a la religión o los valores y la ética para cumplir su vocación. Sin embargo, tener un propósito vocacional te hará una persona más feliz y más positiva porque vives en lo que te convierte en un ser humano productivo y piensas en "¿Por qué estoy aquí?" Te ayuda a analizar filosóficamente y ver cómo puedes hacer del mundo un lugar mejor, también.

23. No te detengas en el pasado. Las personas negativas tienden a pensar mucho sobre sus fracasos pasados y se centran en el lado pesimista de la vida. Es vital dejar de hacer eso y concentrarse en las cosas positivas que ha hecho. Reflexiona sobre tus increíbles logros; siéntete orgulloso de lo que has podido lograr. En lugar de pensar demasiado en tu pasado o incluso de revivir tu historia, debes esforzarte por vivir en el presente.

24. Haz mucho y mantente ocupado. Cuanto más trabajo o actividades hagas, mejor te sentirás. Es esencial que gestione bien su tiempo y se mantenga activo. Haz listas de tareas pendientes y apégate a ellas, por ejemplo, y deja de perder tu tiempo en cosas que no te ayudarán a largo plazo.

25. Duerma bien por la noche y tome siestas cuando lo necesite. Esto es bastante crucial. Vas a necesitar dormir

lo suficiente para superar cada día. Por lo tanto, debe hacer un esfuerzo por dormir bien por la noche y recuperarse después de un largo día.

26. Come comida saludable. También debes esforzarte por tener una dieta balanceada que te permita mantenerte positivo y optimista para que puedas enfrentar cualquier desafío que se te presente. Coma muchas frutas, verduras y proteínas para que su dieta sea saludable y fresca.

27. Obtenga su dosis de ejercicio. Hacer ejercicio es una forma poderosa de permitir que su cuerpo libere sustancias químicas para sentirse bien, por ejemplo, las endorfinas. Debe intentar hacer ejercicio por lo menos cinco veces a la semana, 45 minutos por cada sesión. Esto te ayudará a ser un poco más positivo.

28. No pases demasiado tiempo en las redes sociales. Esto es un gran desperdicio de tiempo, y también produce mucho estrés y ansiedad. Si pasas mucho tiempo en Facebook, es probable que te compares con los demás, especialmente con las celebridades. Crea sentimientos de negatividad y miedo que no quieres tener. Como resultado, deberías pasar mucho menos tiempo en las redes sociales porque solo te hará infeliz y desgraciado.

29. Mantenga su espacio de trabajo y su hogar ordenados y organizados. Cuando mantienes tu espacio ordenado, te sentirás mucho mejor contigo mismo y con todo lo que te rodea. Además, no hay nada como una casa limpia

para volver a casa, ya sabes. Por lo tanto, es vital que hagas esto para elevar tu estado de ánimo.

30. Recorte cosas de su vida que no le benefician, y diga "no" a las cosas que no necesita. Es importante hacer esto último, principalmente si esas actividades pueden ponerlo en riesgo. Debería deshacerse de los elementos no esenciales, así como de destruir sus relaciones personales. Solo enfócate en las cosas que te van a construir en su lugar. Esta es una parte crucial de vivir una vida más saludable y más libre de estrés.

Ahora que le hemos dado 30 consejos sobre cómo puede eliminar las negatividades en su vida, esperamos que tome medidas y las haga de verdad. Los pensamientos negativos te hacen infeliz y miserable. Le llevará algún tiempo acostumbrarse a no quejarse o centrarse en lo negativo, pero una vez que lo haga, descubrirá que está viviendo una vida más feliz y más plena. Entonces, su existencia parecerá más significativa e impulsada por el propósito, y eso mejorará su perspectiva general en la vida. Veamos ahora un estudio de caso de cómo este método funciona en la realidad.

Caso de Estudio

Jennifer solía ser una persona muy negativa. Siempre se quejaba del clima y de la cultura de la oficina en la que estaba. Ella tenía algo de qué quejarse todos los días. Debido a eso, Jennifer se convirtió en la comidilla de la ciudad y fue conocida como Nancy Negative Nancy para todos. También tendían a molestarla, lo cual la ofendió y la hizo llorar en casa los fines de semana. Su negatividad causó mucha ansiedad y estrés a Jennifer, y su presión arterial subía varios puntos todos los días. Ella sabía que necesitaba el dinero para sobrevivir, aunque odiaba su trabajo. Sin embargo, Jennifer no quería admitir que tenía un problema de negatividad. Ella siempre pensó que podía arreglárselas sola y que estaba superando su negatividad. A pesar de eso, Jennifer terminó lanzando insultos a la gente y trató de atraerlos a su círculo de negatividad para que pudiera tener una compañía "buena". Muy pronto, toda la oficina se estaba cansando de eso, y empezaron a insultarse y derribarse. Creó una situación muy hostil en la que todos no estaban teniendo un excelente momento en su lugar de trabajo.

Si miramos este ejemplo, vemos que la negatividad engendra negatividad. Siempre que hay una manzana mala, arruina a todos ellos. Jennifer era una Nancy negativa, y como tal, trató mal a las personas que la rodeaban, creando así un muro de hostilidad. Jennifer se quejó de cualquier otro asunto en la oficina, y era un hábito contagioso; Es por eso que todos a su alrededor también comenzaron a quejarse. Fue contagioso de una mala manera. Continuemos la historia.

Se puso tan mal que la gente se estaba volviendo una contra la otra y causando más conflictos, hasta el punto de que algunos empleados fueron despedidos por ello. Jennifer también finalmente fue despedida porque un grupo de sus colegas la atacaron. Sin embargo, cuando la despidieron, Nancy Negativa se resintió inmediatamente y tuvo que acudir a su psiquiatra para que la ayudara. Ella estaba tomando antidepresivos para su depresión estacional.

Jennifer buscó ayuda mental de su psiquiatra, quien pudo aconsejarle sobre lo que debía hacer. Escuchó sobre todas las dificultades por las que ella había pasado y pudo decir que estaba siendo bastante negativa. Entonces, le propuso una idea y le dijo: "¿Por qué no tratas de ser positivo por un día y ves qué pasa?" Jennifer respondió: "¿Por qué no?"

Entonces, Nancy negativa intentó ser positiva por un día. Siguió los consejos de su médico sobre cómo ser optimista, mostró gratitud a los demás y se concentró en todas las bendiciones que tuvo en su vida en ese momento.Al final de su primer día, todavía se quejaba. Pero luego, al día siguiente, se dio cuenta de cuánto tenía que estar agradecida y contó sus inconmensurables regalos.

Jennifer dijo: "No puedo creer la suerte que tengo de estar viva. Tengo un maravilloso doctor y esposo. También tengo a mis hijos, que me han consolado durante este difícil momento. ¿Qué más puedo pedir? ¡Estoy bendecido!" Entonces, ella comenzó a contar sus bendiciones todos los días. No dejó de hacerlo porque Jennifer sentía que siempre podía decir que estaba mejor que otra persona. Como resultado, la mujer pesimista se dio cuenta de que podía estar feliz y contenta con todas las pequeñas cosas que la vida le daba. Eventualmente, Nancy negativa fue vista sonriendo más a menudo. Ella se rió mucho más y pudo liberarse de sus antidepresivos después de un mes de probar el método de positividad de su médico. Fue contagioso. Todos a su alrededor vieron cuánta buena vida estaba viviendo y querían vivir como ella. En caso de que se esté preguntando sobre su situación laboral, Jennifer pudo conseguir un trabajo aún mejor con un salario más alto en una gran corporación en una ciudad más desarrollada.

La moraleja de esta historia es que debes ser positivo todo el tiempo. Ahoga las voces negativas en tu cabeza y haz algo increíble. Debido a que Jennifer se enfocó en lo que era positivo, pudo ver una diferencia dramática en su moral y su capacidad para relacionarse con los demás. Querían estar cerca de ella ahora en lugar de alejarla, a diferencia del caso de su trabajo anterior. Jennifer también logró superar sus sentimientos depresivos y la necesidad de antidepresivos, que se habían convertido en la solución para su problema. No podía salir de la depresión y entrar en una situación más positiva y optimista ya que Negative Nancy había estado atrapada en sus ciclos de negatividad. Sin embargo, una vez que intentó ser positiva por un día, pudo ver resultados inmediatos y se sintió más agradecida por las bendiciones que recibió.

Conclusión

Esperamos que haya podido darse cuenta de lo tóxica que puede ser la negatividad. Es algo que debe evitarse a toda costa. La negatividad puede ser perjudicial para su salud física y mental. A menudo, es difícil silenciar a la crítica interna negativa dentro de ti, pero es algo que tienes que aprender a hacer en algún momento. La terapia cognitiva conductual le permite silenciar esa voz pesimista en su cabeza y le permite vivir una vida llena de positividad. Es crucial que encuentres formas de ver el lado positivo para animar tu vida y darte más alegría y paz. Sin una perspectiva optimista, después de todo, es difícil tener una existencia significativa. Por lo tanto, le recomendamos encarecidamente que trate de encontrar cosas con las que pueda sentirse positivo y agradecido para no tener que gastar su tiempo y energía quejándose de todas las cosas malas que ocurrieron en el pasado.Ver la belleza de la vida y meditar en ella. Sentirás una diferencia sorprendente después, eso es seguro.

Pensamientos Finales

Su salud mental es una parte crucial de su bienestar. Si no está bien en la mente, su salud física, emocional y espiritual sufrirá. Por lo tanto, es vital encontrar maneras de enfrentar positivamente todos los desafíos de la vida. Necesitas tener un plan. Independientemente de si es un paciente con trastorno bipolar, trastorno de personalidad límite o alguna otra condición de salud mental, recuerde que no tiene que sufrir solo. No soportar solo sin ningún apoyo. Busca la ayuda de otros para mejorar. Todos necesitamos a alguien que nos ayude de todos modos. No podemos pasar por esta vida sin la guía de otros que han viajado más que nosotros.

Se supone que este libro es una introducción a la técnicas y consejos que se utilizan en la TCC Ha presentado información que ha sido apoyada por investigadores y psicólogos, que son expertos en el campo.Debemos decir que hemos tratado de referirnos a las fuentes más confiables para poder proporcionar datos de calidad.

Sin embargo, el libro no pretende, de ninguna manera, ser un sustituto del tratamiento profesional con un terapeuta u otros profesionales de la salud mental. Queremos que lo use para aprender sobre las técnicas que tales personas podrían usar, pero queremos alentarlo a que obtenga el tratamiento que necesita al consultar a un asesor de confianza que puede brindarle los servicios que le permitirán controlar su estado de ánimo y sus emociones. exitosamente.

Cuida tu salud mental; Sé bueno y amable contigo mismo. Después de todo, mereces experimentar la alegría y la paz en la vida. Vive el presente y deja tus preocupaciones y ansiedades. Todo estará bien.

Por último, si le gustó leer este libro y sintió que le agregó valor a su vida, le pido que se tome un momento para revisarlo en Amazon. Gracias.

Bibliografía

Asociación Americana de Psiquiatría. (2018). APA encuesta de opinión pública - reunión anual 2018. Obtenido de https://www.psychiatry.org/newsroom/apa-public-opinion-poll-annual-meeting-2018

Asociación Americana de Psiquiatría. (Dakota del Norte) Manual diagnóstico y estadístico de trastornos mentales (DSM – 5). Obtenido de https://www.psychiatry.org/psychiatrists/practice/dsm

Asociación de Ansiedad y Depresión de América. (Dakota del Norte). Comprender los hechos de los trastornos de ansiedad. Obtenido de https://adaa.org/understanding-anxiety

Beck, AT1976). Terapia cognitiva y trastornos emocionales, Nueva York: pingüino.

Bray, S. (2013). Tolerancia a la angustia en la terapia dialéctico conductual. Obtenido de https://www.goodtherapy.org/blog/distress-tolerance-dialectical-behavior-therapy-0117134

Bray, S. (2013). Eficacia interpersonal en la terapia dialéctico conductual. Obtenido de https://www.goodtherapy.org/blog/interpersonal-effectiveness-dialectical-behavior-therapy-TDC-0416134

Cagliostro, D. (2018). Trastorno de personalidad limítrofe : una guía para detectar los signos del trastorno de personalidad limítrofe - BPD. Obtenido de https://www.psycom.net/depression.central.borderline.html

Caplan, JE & Jellinek, MS (2009). "Psicoterapia con niños y adolescentes". Desarrollo pediátrico-conductual (Cuarta edición). Elsevier

Clark, DA (2005). Pensamientos intrusivos en los trastornos clínicos: teoría, investigación y tratamiento.Publicaciones de Guilford.

Cullen, M., Brito Pons, G. y Mindful Staff. (2016). La atención plena de la ira. Obtenido de https://www.mindful.org/mindfulness-of-anger/

Fenn, K. y Byrne, M. (2013). Los principios clave de la terapia cognitivo conductual. InnovAiT, 6 (9), 579–585. https://doi.org/10.1177/1755738012471029

Grohol, JM (2018). Una visión general de la terapia dialéctico conductual. Obtenido de https://psychcentral.com/lib/an-overview-of-dialectical-behavior-therapy/

Klinger, E. (1978–1979). Dimensiones del pensamiento y las imágenes en los estados normales de vigilia. Diario de estados alterados de conciencia , 4, 97-113.

Klinger, E. y Cox, WM (1987-1988). Las dimensiones del pensamiento fluyen en la vida cotidiana. Imaginación, cognición y personalidad , 7, 105-128.

Klinger, E. (1996). "Influencias emocionales en el procesamiento cognitivo, con implicaciones para las teorías de ambas", en La psicología de la acción: vinculación de la cognición y la motivación con el comportamiento eds Gollwitzer P., Bargh JA, editores.Nueva York: Guilford Press, p. 168-189.

Linehan, M. (1993). Tratamiento cognitivo-conductual del trastorno límite de personalidad. Nueva York: Guilford Press, p. 3.

Linehan, M. (2001). Terapia dialéctico conductual. Retreived from https://www.sciencedirect.com/topics/nursing-and-health-professions/dialectical-behavior-therapy

Instituto Nacional de Salud Mental. (2018). Depresión. Obtenido de https://www.nimh.nih.gov/health/topics/depression/index.shtml

Padesky, C. (1993). Cuestionamiento socrático: ¿cambiar las mentes o guiar el descubrimiento? Discurso de apertura pronunciado en la Conferencia de la Asociación Europea de Psicoterapias de Conducta y Cognitiva , Londres , Reino Unido.

Programa de Psicología Positiva: Su recurso integral de psicología positiva. (2017). 22 ejercicios de atención plena, técnicas y actividades para adultos (+ PDF). Obtenido de https://positivepsychologyprogram.com/mindfulness-exercises-techniques-activities

Programa de Psicología Positiva: Su recurso integral de psicología positiva. (2018). Hojas de trabajo y estrategias de regulación de emociones: Mejora tus habilidades TDC. Obtenido de https://positivepsychologyprogram.com/emotion-regulation-worksheets-strategies-TDC-skills/

Programa de Psicología Positiva: Su recurso integral de psicología positiva. (2019). Eficacia interpersonal: 9 hojas de trabajo y ejemplos. Obtenido de https://positivepsychologyprogram.com/interpersonal-effectiveness/

Poderes Lott, A. y Stenson, A. (nd). Tipos de ansiedad. Obtenido de https://www.anxiety.org/what-is-anxiety

Psicología Hoy. (Dakota del Norte). Terapia dialéctico conductual. Obtenido de https://www.psychologytoday.com/us/therapy-types/dialectical-behavior-therapy

Rachman, S. (1981). Parte 1. Cogniciones intrusivas no deseadas. Avances en la investigación y terapia del comportamiento, 3, 89–99.

Reddy, MS & Vijay, MS (2017). La realidad empírica de la terapia dialéctico conductual en la personalidad límite. Indian Journal of Psychological Medicine, 39 (2), 105-108.

Salkovskis, PM (1988). Pensamientos intrusivos y trastornos obsesivos. En D. Glasgow y N. Eisenberg (Eds.), Temas actuales en psicología clínica (Vol. 4). Londres: Gower.

Salters-Pedneault, K. (2018). Comprensión del trastorno límite de la personalidad (DBP). Obtenido de https://www.verywellmind.com/what-is-borderline-personality-disorder-bpd-425487

Schimelpfening, N. (2019). Visión general de la terapia dialéctico conductual. Obtenido de https://www.verywellmind.com/dialectical-behavior-therapy-1067402

Cantante, J. (1998). Soñar despierto, la corriente de conciencia y las auto-representaciones. En R. Bornstein y L. Masling (Eds.), Perspectivas empíricas sobre el inconsciente psicoanalítico. Estudios empíricos de las teorías psicoanalíticas (Vol. 7, pp. 141-186). Washington, DC: Asociación Americana de Psicología.

Sendero Skyland. (2017). 4 diferencias entre CBT y TDC y cómo saber cuál es el adecuado para usted. Obtenido de https://www.skylandtrail.org/About/Blog/ctl/ArticleView/mid/567/articleId/6747/4-Diferencias-Entre-CBT-and-TDC-and-How-to-tell-Which- es correcto para ti

Spradlin, SE (2003). No dejes que tus emociones lleven tu vida: cómo la terapia de conducta dialéctica puede ponerte en control .Oakland, CA: New Harbinger Publications, Inc.

Centro de Tratamiento Residencial Sunrise. (2017). ¿Qué son las habilidades de regulación de la emoción TDC? Obtenido de https://www.sunrisertc.com/TDC-emotion-regulation-skills/

van Rooij, S. y Stenson, A. (nd). Una introducción a la ansiedad. Obtenido de https://www.anxiety.org/what-is-anxiety

Organización Mundial de la Salud. (2017). Depresión y otros trastornos mentales comunes - Estimaciones de salud global. Obtenido de https://apps.who.int/iris/bitstream/handle/10665/254610/WHO-MSD-MER-2017.2-eng.pdf?sequence=1

www.ingramcontent.com/pod-product-compliance
Ingram Content Group UK Ltd.
Pitfield, Milton Keynes, MK11 3LW, UK
UKHW022220230426
12048UKWH00016BA/974